I0190878

Couverture : Photo Michel Sidobre « Entaille »

1

Michel Sidobre

Dépôt Légal : 1er trimestre 2019

ISBN : 978-2-9542890-5-2

2

CICATRICES

Michel **SIDOBRE**

Douceur matinale

Coup de doux,
Coup de douceur,
Ce matin de janvier,
Le vent souffle tiède
Avec une pointe de fraîcheur.

L'Art dans l'œil

Mille pinceaux d'Art
Recouvrent les façades,
Les volets disparates.

Mes yeux-caméra
Remontent l'Avenue.
Et si le temps est gris
Mon âme est sereine.

Beauté africaine

Elle sait qu'elle est belle,
La belle, la belle.
La belle africaine presse le pas,
L'écarte d'un geste de tête,
Esquive subtile,
Et poursuit sa marche
Allegro.

Âmes en peine

Nous, adultes :
Soixante années passées,
Qui sont enfants
De ceux qui sont morts.

Nous errons
Et nous nous croisons
Dans la ville
Où ils ne sont plus.

Puis, après…
Après nous…

Jour gris

Pourquoi je me souviens
Des moineaux dans la neige ?
Alors que je regarde
Par la porte-fenêtre
Les goélands voler
Et les pigeons en bout de rue
Qui piétinent le sol…

Je n'en sais pas grand 'chose
Mais la vision passée
D'un innocent plaisir,
M'apporte réconfort
En ce jour de tristesse.

Grattages

Blafards, ternes
Parfois bariolés,
Ils grattent,
Debout, dans le Tabac.

A Fabien D...

Le pylône franchi,
Tu avais décidé,
Là, sur la voie ferrée,
D'arrêter ton chemin.

Les trains ont épargné
Ton corps d'Innocence Rebelle
Pour l'Esprit cinéaste
Qui l'avait habité.

Tout près sur la Maison,
Près de la passerelle,
Triste ironie du sort,
L'Œil mort avait filmé
Ta vie encore là.

La femme qui avait déteint à la machine-à-laver et le plumeur de pigeon

Sur les Barques, assise sur son banc,
Une femme aux cheveux roses
Et à la tenue d'une couleur
Si ajustée
Qu'on la croit sortie d'une machine-à-déteindre.

Plus loin, passant sur la Place du Forum,
Un homme semble plumer, à terre,
Un pigeon noir…
Sorti de ma rêverie, je le vois
Triturer un sac-poubelle
Pour s'emparer de la crotte
De son chien.

Sacré garnement

Les fleurs bougent au vent,
Fabien,
Veilleuses anonymes à la vie éphémère,
Sur le caveau de béton neuf.

Ailleurs sont les fleurs libres
Qui couvrent la campagne
Et perpétuent le cycle…

Trop tôt, tu es parti,
D'impatience absolue.
Tu nous laisses ici
Avec ton héritage :
Quelques films accouchés
Du fond de tes entrailles.

Vestiges incongrus

En plein soleil,
Sur le trottoir,
Les pistes argentées et enchevêtrées,
Ridicules empreintes
D'escargots
Passés dans l'humidité du matin.

Eté

Gouttes d'eau
Qu'on dirait être
Gouttes de glace
Sur les feuilles,
Au matin.

Echos

Ces voix qui parlent en moi…
Oui, bien sûr, c'est la mienne
Qui revient sur vos pas
Relis sur vos visages
Et reçois vos paroles.

Ces voix guident ma vie
Et mon itinéraire ;
Parfois vous oubliant,
Ou bien vous retrouvant.
Et goûtant tout en moi
Vos paroles si sages
Vos rires et tristesses
Au détour d'un moment.

Flèches dans le matin

Six heures quarante-cinq,
Deux mobylettes surgissent
Félines et rapides
En contrebas de ma porte-fenêtre.

L'une dépasse l'autre,
S'enfuyant vers l'Ailleurs…
Celle que je peux voir
Fond vers une courette
Avec sa boîte à lettres.

Le journal du matin,
Livraison de nouvelles…
Sans doute l'habitant
Était sur le qui-vive
Et prestement l'aura
Délivré pour le lire…

Nerveusement nous cherchons
A savoir…
…Ce que nous devenons
Ce que nous deviendrons…
A travers la lecture du Monde.

Les draps

Je change mes draps
Après m'être coupé les cheveux :
Bienfaits du propre…

Je retrouve une parure
Féminine,
Aux tendres fleurs
Et aux doux tons,
Mes yeux s'embuent
Au bord des pleurs :
Un an déjà…

Je me parfume,
Le « sent bon »
Que me vantait ma sœur aînée,
Trop tôt disparue, elle aussi.

Que serait notre vie
Sans les femmes ?

J'attends...

J'attends souvent,
J'attends toujours
Car je suis prêt très vite.

Tôt levé,
Tôt lavé,
Et puis, anxieusement,
J'attends...

J'attends que le temps vienne
Pour faire le ménage
Pour ne pas déranger
Avec l'aspirateur.

J'attends aussi et en maints lieux :
Tantôt près d'un plateau
A l'heure des machinistes,
Tantôt en bord de route
L'ami qui m'accompagne.

Plus jeune, j'attendais
Le train dans une gare,
Monde extraordinaire
Pour un aller-retour...

La Révolte

Gilets Jaunes,
Chacune et chacun
A l'assaut de sa vie
Exprimant enfin sa parole.

Je m'y joins voyeur et
Acteur
Ne sachant si ce que je vis
Est d'aujourd'hui
Tant le passé se réactive.

Pour elles et pour eux
Tout semble neuf.
Quelle chance
De n'avoir pas été… !

…Et quel malheur
A leur âge avancé
D'avoir si longtemps
Subi le joug de la routine… !

Cicatrices

J'achète russe
A « La Belle Russie »,
Bières ou gâteaux ;
Pour les petits-enfants
Cadeaux …

Tissus bariolés,
Etiquettes exotiques,
Marquées en cyrillique,
Comme des cicatrices
D'une présence enfuie…

Le réfrigérateur
S'orne de quelques bouteilles,
Et derrière la vitre,
Dans le buffet de bois,
Poutine
Me regarde,
Charmeur et ironique.

Vision

Passant devant le bar,
J'aperçois,
Bien au chaud,
La Pas-Vierge à l'Enfant,
Devant son café-crème,
Et son enfant blotti
Dans l'épaisseur douillette
Du chandail maternel.

L'inquiétude du formateur

Huit heures moins le quart,
La nuit encore en ce temps de l'Avent.
La salle de formation
De la « Caisse d'Epargne »,
En face, est éclairée…

Un homme en costume
S'affaire dans le détail
Des chaises et des matériels,
Avant que la vie ne déferle …

Peut-être, comme moi, naguère,
Il a fait voyage
Dans le froid, solitaire,
En habit de représentation…

Cela me semble si loin, déjà…

Pensée

Le matin dans la nuit
Mais la tranquille certitude
Que les jours s'allongent
Et cet espoir humain
Que Demain
Sera meilleur…

Revenant au cimetière

Comme un chien
Revient sur la tombe
De son maître,
Ainsi l'incertitude animale
De l'humain
Me ramène ici
Pour y arroser quelques pots
Et une jardinière…

…Sur notre caveau de famille,
Parfois inutilement,
En plein cœur de l'Hiver.

Narbonne-Atlantique

Dans l'aube,
Volant au-dessus des arbres,
Se perchant sur le Musée Lapidaire,
Les goélands.

C'est Narbonne-Atlantique,
Brest sur Méditerranée !

Narbonne romaine 2019

Dans le noir encore
Eclairé en bas
Par les réverbères
Paraît le goéland :
Blancheur
Traçant
Ses figures
Comme un cerf-volant.

…Traces d'augures
Pour moi, indéchiffrables,
Du présent à suivre,
Donc, de l'Avenir…

…Avant que ne se lève
Le soleil.

Vers où ?

Vers où va le temps ?
Vers où va ma vie ?
Averses et soleil rieur,
Grisaille et malheur,
Ma vie est-elle,
Ailleurs ?

8 février

Couleurs célestes de la douceur :
Saumon clair et bleu pâle.
Aquarelles à l'horizon
Pour les anniversaires
De mon meilleur ami de Faculté,
De Géraldine, ma cousine
Et de Maïlys, l'aînée de mes petits-enfants…

Que le temps passe !
Et toujours ce « gros-le-cœur »
De nostalgie, encore et toujours,
Qui m'accompagne et m'étreint
Dans ce temps du Verseau …

Michel Sidobre

Dépôt Légal : 1ᵉʳ trimestre 2019

ISBN : 978-2-9542890-5-2

www.ingramcontent.com/pod-product-compliance
Lightning Source LLC
Chambersburg PA
CBHW071803020426
42331CB00008B/2395